La cultura de Estados Unidos

Jeanne Dustman M.A.Ed.

Asesora

Caryn Williams, M.S.Ed.
Madison County Schools
Huntsville, AL

Créditos de imágenes: pág. 7 (derecha) IS786/
Image Source/Alamy; págs. 26 (arriba), 32 Peter
Casolino/Alamy; pág. 16 David Bleeker Photography/
Alamy; pág. 19 (izquierda) Susan Isakson/Alamy; pág. 23
(arriba) Jon Feingersh/Blend Images/Alamy; pág. 17
(arriba) flab/Alamy; pág. 23 (derecha) Bob Daemmrich/
Alamy; pág. 13 (arriba) Tim Graham/Alamy; pág. 5 Justin
Green/Alamy; pág. 24 (izquierda) The Bridgeman Art
Library; pág. 21 (izquierda) Bettmann/Corbis; pág. 18
CSA Images/Vetta/Getty Images; pág. 26 (abajo) Tim
Bieber/Digital Vision/Getty Images; pág. 29 (arriba)
Indeed/Getty Images; pág. 11 David Handschuh/New
York Daily News Archive/Getty Images; págs. 4–5 Digital
Vision/Getty Images; págs. 6 (arriba), 9, 19 (derecha),
24 (derecha) The Granger Collection, NYC/The Granger
Collection; págs. 12 (arriba), 14–15, 27, 29 (abajo) iStock;
pág. 20 LOC, LC-USZ62-105246; pág. 12 (abajo) LOC, LC-
USZC2-1755; pág. 10 LOC, LC-USZC4-4940 The Library of
Congress; pág. 25 Everett Collection/Newscom; págs. 2–3
ZumaPress/Newscom; pág. 7 (izquierda) North Wind
Picture Archives; todas las demás imágenes pertenecen
a Shutterstock.

Teacher Created Materials
5301 Oceanus Drive
Huntington Beach, CA 92649-1030
http://www.tcmpub.com
ISBN 978-1-4938-0589-1

Índice

Mosaico estadounidense

Cuando los grupos de personas viven juntos, crean sus propias maneras de hacer las cosas. Quizá compartan **costumbres** similares. Quizá tengan **creencias** similares. Las personas crean una forma de vida que es común para quienes pertenecen a su grupo. Esto se llama **cultura**. La vestimenta, los alimentos y el arte forman parte de la cultura. Algunas culturas pueden escuchar un cierto tipo de música. Otras pueden hacer un tipo de arte especial. Las diferentes culturas pueden celebrar diferentes días festivos. Cada cultura es única.

Estados Unidos tiene una cultura completamente propia. Es un país grande con una rica historia. Está compuesto por muchos tipos de personas diferentes. La cultura de Estados Unidos es como un mosaico. Usa muchas piezas pequeñas para crear una imagen grande y hermosa. Es decir, muchas culturas se mezclan para crear el mosaico de una forma de vida estadounidense.

La cultura indígena de Norteamérica

Las primeras personas que crearon culturas ricas en Estados Unidos fueron los indígenas norteamericanos. Cada **tribu**, o grupo de indígenas norteamericanos, tenía su propia cultura única. Sin embargo, todas las tribus tenían gran respeto por la tierra. Creían que la tierra les daba todo lo que necesitaban para sobrevivir.

Cada tribu tenía una forma de vida diferente. Las tribus del Noreste plantaban maíz. Era su cultivo principal. Los indígenas de las llanuras vivían en chozas de tierra o tipis. Las tribus del Sureste valoraban los vínculos familiares. Cada familia mantenía un conjunto de creencias que se transmitía a la siguiente **generación**.

Una época dolorosa

El gobierno estadounidense no trató bien a los indígenas norteamericanos. En el siglo XIX, se obligó a las tribus a abandonar su tierra. Esto llevó a sangrientas batallas. Muchos indígenas norteamericanos también murieron por enfermedades durante los desplazamientos forzados.

Además, los indígenas norteamericanos creaban arte. Las tribus pueblo elaboraban hermosa cerámica. Las tribus del Noroeste eran famosas por sus tótems, que cuentan las historias familiares.

Las culturas indígenas norteamericanas han cambiado con el paso del tiempo. Pero las tribus han trabajado arduamente para conservar muchas de sus **tradiciones**. Son una pieza vital del mosaico de la cultura estadounidense.

Las tribus del Noroeste creaban tótems para contar historias.

Esta tribu pueblo muele maíz.

El sueño americano

El sueño americano es una parte importante de la cultura de Estados Unidos. Es la idea de que cualquier persona que trabaje arduamente puede ser exitosa y feliz. No importa cuál sea tu lugar de orígen. Es posible que no tengas dinero. Quizás seas la primera persona de tu familia en ir a la universidad. O puedes haber llegado a Estados Unidos de otro país. Aún así puedes alcanzar el sueño americano.

El sueño promete que aunque el presente puede ser difícil, el futuro siempre puede ser mejor. Promete libertad, esperanza y una nueva forma de vida.

Esta es una familia de inmigrantes italianos en 1905.

Esta idea es uno de los motivos por el que muchos **inmigrantes** llegaron a Estados Unidos. Años atrás, una gran cantidad de inmigrantes viajó a Estados Unidos. Llegaron de todas partes del mundo. Abandonaron sus hogares y pertenencias. Abandonaron a sus amigos y familias. Esperaban tener una mejor vida. Creían en el sueño americano.

Los inmigrantes que llegaban a Estados Unidos tenían sus propias culturas. Traían sus costumbres y creencias. Consumían distintos tipos de alimentos. Bailaban diferentes tipos de música. Celebraban sus propios días festivos.

Los inmigrantes compartieron sus culturas con los estadounidenses. Con el tiempo, estas culturas pasaron a ser parte de la cultura de Estados Unidos. ¿Alguna vez has comido una porción de pizza? La pizza llegó de Italia. ¿Alguna vez has bailado con la música de los mariachis? Provino de México. ¿Has ido a un desfile del Año Nuevo chino? Hay uno que se celebra todos los años en la ciudad de San Francisco.

Los inmigrantes continúan llegando a Estados Unidos. Quieren lograr el éxito. Desean tener una mejor vida. Creen en el sueño americano. Los inmigrantes ayudan a fortalecer nuestro país. Traen sus talentos y habilidades. Traen nuevas ideas. De muchas maneras, los inmigrantes hacen de Estados Unidos lo que es hoy. Son una pieza más que importante en el mosaico que es la cultura estadounidense.

Inmigrantes famosos

Hay muchos inmigrantes famosos. Uno de los más famosos es Albert Einstein. Llegó a Estados Unidos desde Alemania. Trajo consigo sus brillantes ideas sobre el espacio y el tiempo.

El Cinco de Mayo es una celebración mexicana.

La sociedad estadounidense

La cultura de Estados Unidos es un mosaico. Sin embargo, algunas partes de la sociedad estadounidense comenzaron en Estados Unidos.

Moda

Los estadounidenses se visten con estilos diferentes. Sin embargo, hay cierta vestimenta que es verdaderamente estadounidense.

Los sombreros y las botas de vaquero son **iconos** de la moda estadounidense. Los vaqueros los usaron por primera vez para montar sus caballos. Los sombreros permitían que los vaqueros se cuidaran la cara y el cuello del sol. Las botas les protegían los pies del suelo duro.

El resistente Strauss

Levi Strauss llegó a Estados Unidos desde Europa en 1843. Sabía que los mineros del oro necesitaban pantalones resistentes que no se rasgaran. Por eso, Strauss diseñó pantalones de mezclilla para ellos. Hoy en día, sus pantalones de mezclilla se conocen como los pantalones de mezclilla de Levi's y todavía puedes encontrarlos en las tiendas.

Esta pintura muestra a los mineros del oro usando pantalones de mezclilla en 1871.

Cuando las personas de otros países piensan en la vestimenta estadounidense, muchas piensen en los pantalones de mezclilla. La mezclilla es una tela fuerte de algodón. Los pantalones de mezclilla se hicieron populares por primera vez en Estados Unidos en el siglo XIX. Se crearon para que sirvieran como pantalones de trabajo. Los mineros del oro fueron los primeros en usarlos. Con el tiempo, los pantalones de mezclilla se hicieron populares entre los adolescentes y los adultos jóvenes. Para la década de 1980, los diseñadores creaban pantalones de mezclilla elegantes. Hoy en día, los pantalones de mezclilla no son populares solamente en Estados Unidos, sino que los usan personas de todo el mundo. En cada temporada, hay nuevos estilos de pantalones de mezclilla para usar.

Estos hombres usan distintos tipos de pantalones de mezclilla.

Alimentos

Muchas personas piensan en las hamburguesas y los perros calientes como alimentos estadounidenses. Pero, en realidad, se comenzaron a consumir en Alemania. Los estadounidenses tampoco inventaron la tarta de manzanas. Sin embargo, ha sido el postre favorito entre muchos estadounidenses por mucho tiempo. Los estadounidenses han puesto su propio toque en una variedad de alimentos. Sin embargo, hay algunos alimentos que son exclusivamente estadounidenses.

La sopa de almejas es un plato estadounidense favorito. Comenzó en la Costa Este. Es fácil encontrar almejas allí. Además, la sopa es sabrosa en los días fríos que son comunes en esa parte del país.

Galletas con chispas de chocolate

La primera galleta con chispas de chocolate fue preparada por una mujer estadounidense en la década de 1930. Ella vendió su receta a Nestlé. Esta empresa fabricaba barras de chocolate. ¡Nestlé le pagó con un suministro de chocolate de por vida!

Muchos estados del Sur son conocidos por sus famosas barbacoas. La barbacoa es carne que se cocina sobre fuego abierto. Se usa una salsa para agregarle más sabor. Hay muchos tipos de salsa de barbacoa. La salsa de barbacoa tejana es ácida y picante. La salsa al estilo Memphis es dulce. Esto se debe a que usa melaza. La melaza es un líquido marrón y espeso hecho a partir de azúcar morena.

¿Cuál es tu comida favorita? ¿Es de origen estadounidense?

Música

La mayoría de las culturas tienen sus propios estilos de música. Estos nos ayudan a expresarnos. Cuentan nuestras historias. La música nos puede hacer sentir todo, desde alegría hasta tristeza. También te puede entusiasmar o calmar. Algunos estilos de música se iniciaron en Estados Unidos. Otros llegaron con los inmigrantes que compartieron sus culturas.

artista de blues, B. B. King

ELVIS PRESLEY

MORE THAN
100 PICTURES
•
PRESLEY'S
COMPLETE
LIFE STORY
•
FERVID
FANS
•
RECORD
RECORDINGS
•
EXCLUSIVE
ELVIS' FIRST
SCREEN TEST

¡Todos estremecidos!

Elvis Presley es uno de los intérpretes de música estadounidense más famoso de todos los tiempos. Nació en Mississippi el 9 de enero de 1935. Su madre le regaló la primera guitarra cuando tenía 11 años. Más tarde, grabaría 150 álbumes.

En la actualidad, hay más géneros o tipos de música que nunca antes. Los afroamericnanos crearon muchos de estos géneros estadounidenses de música. Los blues ayudaron a los afroamericanos a compartir su cultura. También lo hicieron la música gospel y el jazz. Posteriormente, estos géneros musicales diferentes inspiraron el rock and roll. El rock and roll es uno de los tipos de música más populares que surgieron en Estados Unidos. Otras formas de música populares incluyen el rap y el hip-hop. Los afroamericanos también crearon estos géneros musicales. La música country también comenzó en Estados Unidos.

Folclore

Toda cultura tiene un **folclore**. El folclore se cuenta de persona a persona y se transmite con el tiempo. El folclore estadounidense habla de Estados Unidos y su gente. Incluye canciones, historias, mitos, rimas, dichos y tradiciones. Muchas historias tratan de las personas que se establecieron por primera vez en Estados Unidos. Estas historias pueden ser ciertas o no. Pero siempre son entretenidas.

Paul Bunyan

Paul Bunyan es un famoso héroe del folclore estadounidense. Era un hombre inmenso y fuerte que podía mover troncos gigantes con facilidad. Su enorme buey azul llamado Babe estaba siempre con él. Juntos crearon el Gran Cañón y construyeron las Montañas Rocosas.

Johnny Appleseed es famoso en el folclore estadounidense.
Se dice que recorrió el país plantando semillas de manzana.
Esta historia se basa en un hombre real llamado John Chapman.
Chapman plantó semillas de manzana. Pero no tantas como
Johnny Appleseed.

Este es un dibujo de la apariencia que puede haber tenido Johnny Appleseed.

Esta estatua de Johnny Appleseed es un aviso publicitario para un restaurante.

Deportes

A los estadounidenses nos encantan los deportes. Nos gusta practicarlos. Nos gusta mirarlos. Dos de los mayores deportes en Estados Unidos son el fútbol americano y el béisbol.

El fútbol americano es el deporte más popular en nuestro país. Comenzó en Estados Unidos en la década de 1860. Hoy en día, muchos niños practican fútbol americano. También lo practican en la escuela secundaria y en la universidad. A las personas también les gusta mirar partidos de fútbol americano profesional. Los jugadores profesionales reciben dinero como pago por jugar un deporte.

El béisbol es el deporte en equipos más antiguo de Estados Unidos. El béisbol, tal como lo conocemos hoy, comenzó en Estados Unidos a principios del siglo XIX. Por muchos años, solamente se permitía que los hombres blancos jugaran en las grandes ligas. Pero en 1947, Jackie Robinson cambió eso. Fue el primer jugador afroamericano en las Grandes Ligas de Béisbol. En la actualidad, las Grandes Ligas de Béisbol aceptan a los deportistas independientemente de su color de piel.

¡Al bate!

Babe Ruth fue uno de los jugadores de béisbol estadounidenses más famoso de todos los tiempos. Fue un excelente bateador. Fue el primer jugador en batear 60 jonrones en una temporada.

¿Fútbol americano o fútbol?

Si vas a otro país y pides ver un partido de fútbol, ¡probablemente veas lo que en EE. UU. llamamos *soccer*! Eso es porque la mayoría de los países no juegan al fútbol americano.

Eilaine y Elaine Roth juegan para Muskegon Lassies en la Liga Profesional Estadounidense de Estrellas de Béisbol Femenino.

Celebraciones

La cultura de Estados Unidos tiene muchos días festivos. Estos son días especiales. Cada uno de ellos sirve como homenaje para algo que los estadounidenses consideran importante.

El Cuatro de Julio es el cumpleaños de Estados Unidos. También se llama Día de la **Independencia**. Todos los años, honramos el día en que Estados Unidos se convirtió en un país. Esto ocurrió en 1776. Hoy en día, lo disfrutamos con familiares y amigos. Miramos los fuegos artificiales. Y cantamos canciones **patrióticas**.

Estas personas celebran el Cuatro de Julio.

Esta familia disfruta compartir la cena de Acción de Gracias.

Estos niños honran a los veteranos en un desfile.

Otro gran día festivo es el Día de Acción de Gracias. Se festeja en noviembre. Comenzó como un modo de celebrar la cosecha. Este es el momento en que se recolecta el alimento de los campos. Hoy en día, para muchas personas es un momento ideal para decir por qué están agradecidos. También es un día para disfrutar con la familia. Muchas personas cenan pavo. Y comen tarta de calabaza de postre.

El Día de los Veteranos se celebra todos los 11 de noviembre. Este día, agradecemos a los hombres y las mujeres del ejército que ayudan a mantener la seguridad del país. Tenemos desfiles. Escuchamos discursos.

Todos estos días festivos nos ayudan a recordar lo que consideramos importante.

Tierra de libertad, hogar de valientes

Una parte importante de la cultura de Estados Unidos es la historia de nuestro país. La historia de Estados Unidos es nuestra historia. Estados Unidos es un país libre. Pero no siempre fue libre. Estados Unidos solía estar formado por 13 **colonias**. El rey de Gran Bretaña gobernaba las colonias. Las colonias tuvieron que pelear una larga guerra contra Gran Bretaña. Esto se llama la *Revolución estadounidense*. Las colonias pelearon duro por su libertad. ¡Y ganaron! Pero no todas las personas eran libres.

Los estadounidenses lucharon por su libertad en la batalla de Bunker Hill.

A estos esclavos se los obliga a cortar caña de azúcar en una plantación.

La esclavitud es una parte horrible de la historia de Estados Unidos. Los esclavos eran personas a quienes se obligaba a trabajar sin recibir ningún pago. No tenían libertad. Eran propiedad de otra persona. A los esclavos se los trataba mal. Se necesitó de otra larga guerra para poner fin a la esclavitud en Estados Unidos. Esta guerra se llamó la Guerra Civil.

Después de la Guerra Civil, todos los estadounidenses fueron libres. Pero no todos recibían el mismo trato. Las mujeres, los afroestadounidenses y otros grupos tuvieron que luchar por sus **derechos civiles**. Han luchado valientemente y ¡nunca se han rendido!

Tierra de líderes

Estados Unidos es una tierra de líderes. George Washington dirigió las colonias hacia la libertad durante la Revolución estadounidense. Abraham Lincoln dirigió a Estados Unidos durante la Guerra Civil y ayudó a poner fin a la esclavitud. Elizabeth Cady Stanton y Susan B. Anthony dirigieron a las mujeres y las ayudaron a obtener el derecho al voto. El Dr. Martin Luther King Jr. dirigió a los afroamericanos durante el movimiento de los derechos civiles.

El Dr. Martin Luther King Jr. da un discurso.

Los **valores** estadounidenses provienen de la historia de nuestro país. Valoramos la libertad. Honramos la valentía. Respetamos el trabajo arduo. Creemos en la libertad de expresión. Consideramos que todas las personas tienen el poder y el derecho de tomar sus propias decisiones. Si bien los pantalones de mezclilla y los partidos de béisbol pueden ser símbolos de Estados Unidos, estos valores centrales son los que verdaderamente definen la cultura estadounidense.

Estos hombres muestran su orgullo pintando la bandera estadounidense.

La familia de este soldado está orgullosa de su valentía.

Muchos de nuestros valores provienen de la Declaración de Independencia.

Estados Unidos está compuesto por distintos tipos de personas. Esta es una de las maravillosas características de nuestro país. Es una nación construida sobre ideas que se trajeron aquí desde todo el mundo. Esto hace que la cultura de Estados Unidos sea única. Todos somos diferentes. Pero todos somos estadounidenses. Cada uno de nosotros es una pieza en el mosaico de la cultura de Estados Unidos. Debemos tratar a todos de manera equitativa. Debemos tratar a todos con respeto. ¡Esta es la forma de vida estadounidense!

¡Hazlo!

¿Cuál es una de tus partes favoritas de la cultura de Estados Unidos? Piensa en una imagen que represente esa parte. Luego, crea un mosaico. Rasga o corta diferentes hojas de papel de colores en pequeños trozos. Usa esas piezas para crear una imagen que represente tu parte favorita de la cultura de Estados Unidos.

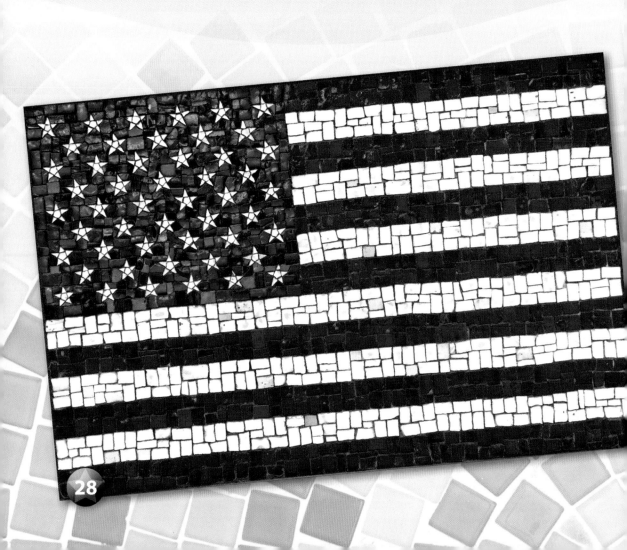

Estos estudiantes crean mosaicos de papel.

Glosario

colonias: áreas gobernadas por otro país

costumbres: formas de comportarse que son normales entre las personas de un lugar en particular

creencias: la concepción de que algo es verdadero o cierto

cultura: las características de la vida diaria que comparte un grupo de personas en un lugar o época en particular

derechos civiles: derechos que todas las personas deben tener

folclore: historias y dichos que se pasan de generación en generación

generación: un grupo de personas que nació y vivió en la misma época

iconos: símbolos ampliamente conocidos

independencia: libertad de control o apoyo exterior

inmigrantes: personas que se mudaron a otro país para vivir allí

patrióticas: que tienen y demuestran amor y apoyo por su país

tradiciones: formas de pensar o hacer las cosas que un grupo en particular ha hecho durante mucho tiempo

tribu: un grupo de personas que comparte el mismo idioma, las mismas costumbres y las mismas creencias

valores: creencias que se sostienen con convicción acerca de lo que es importante

Índice analítico

¡Tu turno!

La vida en Estados Unidos

¿Qué significado tiene la cultura estadounidense para ti? ¿Qué partes de la cultura estadounidense desempeñan una función en tu vida diaria? Escribe un breve párrafo sobre la cultura de Estados Unidos en tu vida. Usa el texto de este libro para respaldar tus ideas.